¡Animales bebés en la naturaleza!

Crías de hipopótamo en la naturaleza

por Marie Brandle

Ideas para padres y maestros

Bullfrog Books permite a los niños practicar la lectura de textos informativos desde el nivel principiante. Las repeticiones, palabras conocidas y descripciones en las imágenes ayudan a los lectores principiantes.

Antes de leer
- Hablen acerca de las fotografías. ¿Qué representan para ellos?

- Consulten juntos el glosario de las fotografías. Lean las palabras y hablen de ellas.

Durante la lectura
- Hojeen el libro y observen las fotografías. Deje que el niño haga preguntas. Muestre las descripciones en las imágenes.

- Léale el libro al niño o deje que él o ella lo lea independientemente.

Después de leer
- Anime al niño para que piense más. Pregúntele: Los hipopótamos tienen partes del cuerpo que les ayudan a vivir en el agua. ¿Cuáles son?

Bullfrog Books are published by Jump!
5357 Penn Avenue South
Minneapolis, MN 55419
www.jumplibrary.com

Library of Congress Cataloging-in-Publication Data

Names: Brandle, Marie, 1989– author.
Title: Crías de hipopótamo en la naturaleza / por Marie Brandle.
Other titles: Hippopotamus calves in the wild. Spanish
Description: Minneapolis, MN: Jump!, Inc., [2023]
Series: ¡animales bebés en la naturaleza!
Includes Index | Audience: Ages 5–8
Identifiers: LCCN 2022033874 (print)
LCCN 2022033875 (ebook)
ISBN 9798885242301 (hardcover)
ISBN 9798885242318 (paperback)
ISBN 9798885242325 (ebook)
Subjects: LCSH: Hippopotamus—Infancy—Juvenile literature.
Classification: LCC QL737.U57 B72518 2023 (print)
LCC QL737.U57 (ebook)
DDC 599.63/5—dc23/eng/20220726

Editor: Eliza Leahy
Designer: Molly Ballanger
Translator: Annette Granat

Photo Credits: Netta Arobas/Shutterstock, cover; Eric Isselee/Shutterstock, 1, 3, 12, 22 (bottom), 23bl, 24; Stu Porter/Shutterstock, 4, 23tl; Stephan Raats/Shutterstock, 5; Maciej Czekajewski/Shutterstock, 6–7; Gallo Images/Alamy, 8–9; Goddard_Photography/iStock, 10–11; ZSSD/Minden Pictures/SuperStock, 13, 23tr; Animals Animals/SuperStock, 14–15; LouisLotterPhotography/Shutterstock, 16–17; Ed Short/Shutterstock, 18; YolandaVanNiekerk/iStock, 19, 23br; Ann and Steve Toon/Alamy, 20–21; Shazzashaw/iStock, 22 (top).

Printed in the United States of America at Corporate Graphics in North Mankato, Minnesota.

Tabla de contenido

La vida en el agua

Este es un bebé hipopótamo.

Lo llamamos una cría.

Se queda con mamá.

Los hipopótamos viven
en África.

Hace calor.

África

El agua mantiene frescos
a los hipopótamos.

Ellos se paran dentro
de ella casi todo el día.

La cría tiene una piel gris.

Mamá la limpia.

La cría tiene un hocico largo.

hocico

Las fosas nasales están arriba.
¡Ellas se cierran debajo del agua!

fosa
nasal

13

Los hipopótamos tienen los ojos bien arriba en su cabeza.

¿Por qué?

¡Esto les permite ver sobre el agua!

Los hipopótamos salen del agua para comer.

Ellos comen pasto.

¡Luego descansan!
El lodo los mantiene frescos.

lodo

La cría y su mamá se unen al grupo.

A este se le llama manada.

manada

La cría crece.

¡Algún día será tan pesada como un auto!

Las partes de una cría de hipopótamo

¿Cuáles son las partes de una cría de hipopótamo?
¡Échales un vistazo!

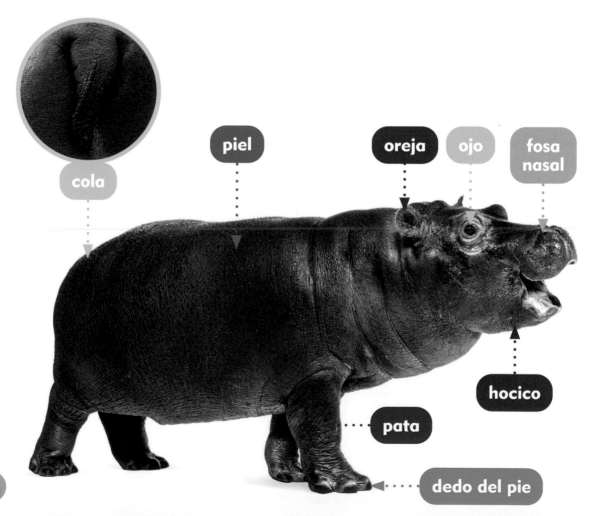

cola

piel

oreja

ojo

fosa nasal

hocico

pata

dedo del pie

Glosario de fotografías

cría
Un hipopótamo joven.

fosas nasales
Las dos aperturas de la nariz que ayudan a una persona o a un animal a oler.

hocico
La nariz y boca de un animal.

manada
Un grupo de hipopótamos.

Índice

Para aprender más

Aprender más es tan fácil como contar de 1 a 3.

❶ Visita www.factsurfer.com

❷ Escribe "críasdehipopótamo" en la caja de búsqueda.

❸ Elige tu libro para ver una lista de sitios web.